Bremische Schmunzelgeschichten
Band 5

Die Bremer Stadtmusikanten: Fröhliches Miteinander

Bremen
← ZUR
Böttcherstr.

Ernst B. R. Dünnbier

Bremische Schmunzelgeschichten

Die Bremer Stadtmusikanten: Fröhliches Miteinander

Wie Esel, Hund, Katze und Hahn
treten als Stadtmusikanten an,
für Bremen werben in der Welt
wird hiermit wortreich dargestellt!

Edition Falkenberg

Abbildung auf dem Umschlag:
Margret Rink

Bildnachweis:
Die Illustrationen stammen aus der Feder von Margret Rink, die uns freundlicherweise ihre Genehmigung für den Nachdruck erteilt hat.

Alle übrigen Abbildungen stammen aus dem Archiv des Autors.

1. Auflage 2015

Bgm.-Spitta-Allee 31, 38329 Bremen

produktsicherheit@edition-falkenberg.de

ISBN 978-3-95494-062-2
www.edition-falkenberg.de

Inhaltsverzeichnis

Bremen best!

BREMEN ist als Märchenland
in der Welt sehr wohl bekannt:

Esel, Katze, Hahn und Hund
machen's allenthalben kund!
Was sie schafften mit Geschick,
heißt seitdem die Stadtmusik!
Ganz egal, wie die auch klingt,
Hauptsach ist, dass sie gelingt!
Oftmals hat man sie kopiert!
Doch sie singen laut zu Viert:

Ob es Ost, Süd, Nord, ob West,
immer heißt es: BREMEN BEST!

Die Bremer Stadtmusikanten

Es war einmal ein Mann, der hatte einen Esel, welcher schon lange Jahre unverdrossen die Säcke in die Mühle getragen hatte. Nun aber gingen die Kräfte des Esels zu Ende, so dass er zur Arbeit nicht mehr taugte. Da dachte der Herr daran, ihn wegzugeben. Aber der Esel merkte, dass sein Herr etwas Böses im Sinn hatte, lief fort und machte sich auf den Weg nach Bremen. Dort, so meinte er, könnte er ja Stadtmusikant werden.
Als er schon eine Weile gegangen war, fand er einen Jagdhund am Wege liegen, der jämmerlich heulte. »Warum heulst du denn so, Packan?«, fragte der Esel.

»Ach«, sagte der Hund, »weil ich alt bin, jeden Tag schwächer werde und auch nicht mehr auf die Jagd gehen kann, wollte mich mein Herr totschießen. Da hab ich Reißaus genommen. Aber womit soll ich nun mein Brot verdienen?«

»Weißt du was«, sprach der Esel, »ich gehe nach Bremen und werde dort Stadtmusikant. Komm mit mir und lass dich auch bei der Musik annehmen. Ich spiele die Laute und du schlägst die Pauke.« Der Hund war einverstanden und sie gingen mitsammen weiter.

Es dauerte nicht lange, da sahen sie eine Katze am Wege sitzen, die machte ein Gesicht wie drei Tage Regenwetter. »Nun, was ist denn dir in die Quere gekommen, alter Bartputzer?«, fragte der Esel.

»Wer kann da lustig sein, wenn's einem an den Kragen geht«, antwortete die Katze. »Weil ich nun alt bin, meine Zähne stumpf werden und ich lieber hinter dem Ofen sitze und spinne, als nach Mäusen herumzujagen, hat mich meine Frau ersäufen wollen. Ich konnte mich zwar noch davonschleichen, aber nun ist guter Rat teuer. Wo soll ich jetzt bloß hin?«

»Geh mit uns nach Bremen! Du verstehst dich doch auf die Nachtmusik, da kannst du Stadtmusikant werden.« Die Katze hielt das für gut und ging mit. Als die drei Landesflüchtigen so miteinander unterwegs waren, kamen sie an einem Hof vorbei. Da saß der Haushahn auf dem Tor und schrie aus Leibeskräften. »Du schreist einem durch Mark und Bein«, sprach der Esel, »was hast du vor?«

»Die Hausfrau hat der Köchin befohlen, mir heute abend den Kopf abzusschlagen. Morgen, am Sonntag, haben sie Gäste, da wollen sie mich in der Suppe essen. Nun schrei ich aus vollem Hals, solang ich noch kann.«

»Ei was, du Rotkopf« sagte der Esel, »zieh lieber mit uns fort, wir gehen nach Bremen, etwas Besseres als den Tod findest du überall. Du hast eine gute Stimme und wenn wir zusammen musizieren, wird es gar herrlich klingen.« Dem Hahn gefiel der Vorschlag und sie gingen alle vier zusammen fort.

Sie konnten aber die Stadt Bremen an einem Tag nicht erreichen und kamen abends in einen Wald, wo sie übernachten wollten. Der Esel und der Hund legten sich unter einen großen Baum, die Katze kletterte auf einen Ast und der Hahn flog bis in den Wipfel, wo es am sichersten für ihn war.

Ehe er einschlief, sah er sich noch einmal nach allen vier Windrichtungen um. Da bemerkte er einen Lichtschein. Er sagte seinen Gefährten, dass in der Nähe ein Haus sein müsse, denn er sehe ein Licht. Der Esel antwortete: »So wollen wir uns aufmachen und noch hingehen, denn hier ist die Herberge schlecht.« Der Hund meinte, ein paar Knochen und etwas Fleisch daran täten ihm auch gut.

Also machten sie sich auf den Weg nach der Gegend, wo das Licht war. Bald sahen sie es heller schimmern und es wurde immer größer, bis sie vor ein hellerleuchtetes Räuberhaus kamen. Der Esel, als der größte, näherte sich dem Fenster und schaute hinein.

»Was siehst du, Grauschimmel?«, fragte der Hahn.

»Was ich sehe?«, antwortete der Esel. »Einen gedeckten Tisch mit schönem Essen und Trinken und Räuber sitzen rundherum und lassen sich's gutgehen!«

»Das wäre etwas für uns«, sprach der Hahn.

»Ja, ja, ach ja, wären wir da!«, sagte der Esel.

Da überlegten die Tiere, wie sie es anfangen müssten, die Räuber hinauszujagen. Endlich fanden sie ein Mittel. Der Esel stellte sich mit den Vorderfüßen auf das Fenster, der Hund sprang auf des Esels Rücken, die Katze kletterte auf den Hund und zuletzt flog der Hahn hinauf und setzte sich der Katze auf den Kopf. Als das geschehen war, fingen sie auf ein Zeichen an, ihre Musik zu machen: der Esel schrie, der Hund bellte, die Katze miaute und der Hahn krähte. Darauf stürzten sie durch das Fenster in die Stube hinein, dass die Scheiben klirrten.

Die Räuber fuhren bei dem entsetzlichen Geschrei in die Höhe. Sie meinten, ein Gespenst käme herein, und flohen in größter Furcht in den Wald hinaus.

Nun setzten sich die vier Gesellen an den Tisch und jeder aß nach Herzenslust von den Speisen, die ihm am besten schmeckten.

Als sie fertig waren, löschten sie das Licht und jeder suchte sich eine Schlafstätte nach seinem Geschmack. Der Esel legte sich auf den Mist, der Hund hinter die Tür, die Katze auf den Herd bei der warmen Asche und der Hahn flog auf das Dach hinauf. Und weil sie müde waren von ihrem langen Weg, schliefen sie bald ein.

Als Mitternacht vorbei war und die Räuber von weitem sahen, dass kein Licht mehr im Haus brannte und alles ruhig schien, sprach der Hauptmann: »Wir hätten uns doch nicht sollen ins Bockshorn jagen lassen.« Er schickte einen Räuber zurück, um nachzusehen, ob noch jemand im Hause wäre.

Der Räuber fand alles still. Er ging in die Küche und wollte ein Licht anzünden. Da sah er die feurigen Augen der Katze und meinte, es wären glühende Kohlen. Er hielt ein Schwefelhölzchen daran, dass es Feuer fangen sollte. Aber die Katze verstand keinen Spaß, sprang ihm ins Gesicht und kratzte ihn aus Leibeskräften. Da erschrak er gewaltig und wollte zur Hintertür hinauslaufen. Aber der Hund, der da lag, sprang auf und biss ihn ins Bein. Als der Räuber über den Hof am Misthaufen vorbeirannte, gab ihm der Esel noch einen tüchtigen Schlag mit dem Hinterfuß. Der Hahn aber, der von dem Lärm aus dem Schlaf geweckt worden war, rief vom Dach herunter: »Kikeriki!«

Da lief der Räuber, was er konnte, zu seinem Hauptmann zurück und sprach: »Ach, in dem Haus sitzt eine greuliche Hexe, die hat mich angehaucht und mir mit ihren langen Fingern das Gesicht zerkratzt. An der Tür steht ein Mann mit einem Messer, der hat mich ins Bein gestochen. Auf dem Hof liegt ein schwarzes Ungetüm, das hat mit einem Holzprügel auf mich losgeschlagen. Und oben auf dem Dach, da sitzt der Richter, der rief: ›Bringt mir den Schelm her!‹ Da machte ich, dass ich fortkam.«

Von nun an getrauten sich die Räuber nicht mehr in das Haus. Den vier Bremer Stadtmusikanten aber gefiel's darin so gut, dass sie nicht wieder hinaus wollten.

Gratulation

Sie bringen dir ein Ständchen
gar bis ins ferne Ländchen.

Sie haben laut gesungen,
und so hat es geklungen:
I-ah – I-ah!, der Esel sagt;
Wau Wau!, dem Hunde wohl behagt;
Miauh – Miauh! vom Katzenvieh
mischt sich mit Hahn-Schrei Kikriki!
So kommt auf weiten Wegen
dir dieser Gruß entgegen!

Er soll dich amüsieren,
weil gern wir gratulieren!

Bremen Werbung

Die City-Initiative
bemüht sich redlich um Motive,
Bremen-Werbung hinzukriegen:
– hanseatisch und gediegen!

Denn unter dieser Direktive
ergibt sich manche Perspektive,
es werbewirksam einzupassen:
Althergebrachtes neu zu fassen!

Trotz augenfällig Kreative
gilt dennoch das Konservative,
ist als Ansporn nicht übertrieben:
Warum? Weil's so die Bremer lieben.

Immer heißt es BREMEN BEST!

Die kennt man doch weltenweit!
Hatten mit den Räubern Streit,
und nach dem Quartett-Geschrei
war der Räuberspuk vorbei!

Doch nicht nur im Märchenland
machten BREMEN sie bekannt!
Wurden so Symbolfiguren
und sind unentwegt auf Touren.

Unser bester Werbetrick
ist seitdem die Stadtmusik!
Ob es Ost, Süd, Nord, ob West,
immer heißt es: BREMEN BEST!

Vier werden integriert

Vor Knechtschaft Reißaus genommen,
sind vier Tiere hergekommen
als die ersten Asylanten,
dass sie hier ne Heimstatt fanden!

So erlaubt man denn den Vieren,
sich hierorts zu etablieren!
Es gibt Sagen und Geschichten,
die von diesem Tun berichten:

Wurden echte Hanseaten!
Legendär sind ihre Taten!
Ob's zu Bremens Wohl gewesen,
sei historisch nachzulesen!

Auf Suche nach der heilen Welt

Sie kamen als Immigranten!
Wurden dann Stadtmusikanten,
wie sie sich's als Ziel erdachten
und sich auf den Weg sie machten,
um dereinst im fernen BREMEN
dauerhaft Quartier zu nehmen!

Und somit gelang's den Vieren
sich vollauf zu integrieren!
Darum schätzt man sie noch heute
als integre Bürgersleute!
Ob es wirklich so gewesen,
ist im Märchen nachzulesen!

Einfach vergnüglich lachen

Wie die Bremer Stadtmusikanten
sich zur Eigenart bekannten,
und was sie dabei getrieben,
auch was sie besonders lieben,
wohin sie mal gern verreisen,
das gilt's, hiermit zu beweisen:

Dudo ist des Esels Name.
Bello mach TV-Reklame.
Mia ist ihr Katzen-Titel.
Und Kiki singt wie ein Beatle!

Können über dumme Sachen
einfach nur vergnüglich lachen.

Ohne grodet Fedderlesen

So is't Märken nahtolesen:
Dat de Bremer Stadtmuskanten
ohne grodet Fedderlesen
Kropptüüch in de Wildnis sandten:

Wo de Esel is an't Jaulen,
un de Hund blafft schaurig Stöhnen,
von de Katt kummt schrill Mi-aulen
bi den Gockels Kikri-Tönen,
blifft dat Eeten achtern Kusen
Räubers in de Kehlen stecken,
– un sei flüchten vuller Grusen,
bit dat sei inn Sump verrecken!

Dat Gaunerpack verjagen

In’t Märken is to lesen,
woans dat fröger wesen:

De Esel kunn luud krischen,
de Hund knurren und zischen,
de Katz miau-manieren,
de Hahn kikerikieren!

So mokt sei as Quartett
dat Märkenspeel kumplett:
Dat is so fröger weesen!
Doch fehlt een isern Besen,

– wiel liekers doch vondagen
Räubers in’t Rathuus tagen …

Beispielhaft

Oft wird es Tieren nachgesagt,
wenn uns was Unbilliges plagt,
wir geben ihnen gern die Schuld,
wenn uns verlassen die Geduld,
sprechen von tierischer Manier!
Sie können wirklich nichts dafür.

In Wahrheit sind sie nicht verrucht:
Wenn man bei sich die Gründe sucht,
weil oft der Mensch recht tierisch ist
und dabei meist sehr schnell vergisst,
dass er bei vielerlei Geschehn
ist selbst als Un-Tier anzusehn!

Dat hett hüüt noch Sinn!

Buten un ok binnen
woll'n to Bremens best
wagen wi un winnen;
so is dat jümmer west!

Wat Parteien raten:
Gröne, Swatte, Geel
un Schandaalmokraten,
bringt ann End nich veel!

Bremen wees gedechtig,
un laat nich mehr in,
as bist deren mechtig!
D a t hett hüüt noch Sinn!

Tach auch

Der Bremer grüßt meist mit Tach auch!
Denn das ist unser Sprachgebrauch!

Wenn er zudem auch Moiin noch sagt,
nach Wohlbefinden wird befragt,
nimmt er den Mund so nicht zu voll
und meint schlichtweg nur Muscha woll!

Wer so das Bremer Stadtquartett
auch typisch zu begrüßen hätt,
dann kontern die: Mein lieber Mann,
dat geiht di wiss doch gor nix an!

Denn: Leben kann Een doch in Breem
gerade noch – so eem un eem!

Von baben her nah Rechtdohn schaun

Wat eenstmals Stadtmuskanten weern,
de hebbt wi in Bremen hüüt noch geern.
De sind pfiffig, mutig un op Zack,
un steegt leege Lüüd ganz fors op't Dack!

Wenn bi us mal wat nich lopen deiht,
denn is't Tied, dat sei dortwüschen sleit;
villicht riek't gor, dat sei blots mol drauhn,
un von baben her nah Rechtdohn schaun!

Ganz egal, of bellen orrer schrein,
klagend maunzen oder luudhals kreihn,
dat is so von alle Tied all west:
Wat sei dohn, mutt sein för BREMEN BEST!

ISCHA
Freimarkt

Fröhlicher Vierklang

Als sie einst nach Bremen kamen,
hatten sie schon Künstlernamen:

Tät man ihn Grauschimmel rufen,
scharrt er kräftig mit den Hufen;
obwohl man ihn Packan nannte,
fehlt dem Zahn die scharfe Kante!
Weil sich Miezen ständig putzen,
sind die Krallpfoten von Nutzen;
und des Hahnenkammes Leuchten
kreischend Schreie ihm entfleuchen!

Durften hier bei Radio Bremen
einen festen Platz einnehmen!

Wenn Een Jipper op Bummeln spört

Hund, Esel, Hahn und Miezekatz
hebbt vör dat Rathuus ehren Platz!

Doch mennichmal drängt ehr Geföhl,
sick optomaken in't Gewöhl,
un nich blots nur spazeeren gohn,
just so as dat de Minschen dohn.
Sei hebbt sick dorför prepareert,
mit Inkoopsbüdeln utstaffeert,
un keemen so op ehren Padd
to'n shopping dör den Binnenstadt!

Sei stöhnden: Oh Schockschwerenoot!
De Utwahl is doch veel to groot!

Mitternächtlich Hauskonzert

Der alte Esel trägt nichts mehr,
den Hund plagt schon der Husten sehr,
der Katze jede Maus entwischt,
der Hahnen-Schrei nur heiser zischt!

Das hat des Bauern Zorn entfacht,
sie gehen fort in dunkler Nacht!
Ihr mitternächtlich Hauskonzert
hat sich gar schaurig angehört!
Sie haben's als Erfolg verbucht,
denn es schlug Räuber in die Flucht!

Das ist's woran man sie erkennt:
als Bremens erste Rentnerband!
Und so hat es geklungen:
I-ah, Wau-Wau, Miau, Kikeriki!

Großer Auftritt des Tierquartetts

Sie kamen dermaleinst zu Fuß,
waren erschöpft und abgespannt;
erreichten so den Weserfluss
nach ihrem Marsch durchs Werderland!

Mit Rettungsring – zur Sicherheit –
war'n sie zum Wassertörn bereit!
Sie entern dann – ganz ungeniert –
ein Boot, bremisch rot-weiß kariert!

Und das legt dann wohl irgendwann
beim Ponton an der Schlachte an:
Zur city gehen auf Schnäppchenjagd,
denn shopping-time ist angesagt!

Ohne Starallüren meisterlich agieren

Wolln mit Kleinkunst imponieren,
zum Mitmachen animieren:

So lässt einer beim Jonglieren
rundherum die Keulen kreisen;
andrer liebt's sich zu maskieren,
will so Schauspielkunst beweisen!
Virtuos improvisieren
möcht sie auf der Violine;
als Schnellzeichner zu brillieren,
dazu braucht man viel Routine!

So beim Straßenfest agieren,
sind sie ohne Starallüren!

Das arme Tier kann nichts dafür

Als Kinder hat es uns erfreut,
wie sie so aufeinander stehen,
wie hoch zu viert es kräht und schreit,
– so, wie's im Märchen es geschehen!

Doch einmal hat es sie erwischt,
als sie vom Gastspiel warn auf Socken,
und sie, vom falschen Schnaps erfrischt
– verkehrt rum aufeinander hocken.

Da wunderten sich alle sehr:
Das kommt vom blöden Faxen machen!
Unten der Hahn sagt gar nichts mehr!
– Sie fanden's sicher nicht zum Lachen...

Maritime Woche

In Maritimer Woche
sind alle vier beschäftigt,
weil Jedes darauf poche,
dass sein Part sei recht prächtig!

Der Esel trägt die Taschen,
der Hahn erklärt's Geschehen,
die Katze liebt das Naschen,
der Hund will'n Filmspot drehen!

Was wollen sie vermitteln?
Die Bremer wach zu rütteln.
Die lassen sich nicht foppen,
gehen in die City shoppen.

Stadtautobahn – Teilstück

Stück Autobahn, ganz neu gebaut:
weil der Senator sich nicht traut,
sie eigenhändig einzuweihn,
lädt er stattdess viel Kinder ein.

Die geben dann die Piste frei!
Stadtmusikanten sind dabei,
um diese Demo anzuführn,
Politiker so zu blamiern.

Es gab zuvor Brimborium
und Streitbarkeits-Politikum
um dies Projekt, so wie es jetzt
die Hauptstraße zum Teil ersetzt!

Nur durch Lesen wird man klug

Der Böttcherstraße Gast zu sein,
die Leselust lädt dazu ein:

Der Esel liest ganz irritiert,
was in der großen Welt passiert!
Dem Hund ein Krimi mehr behagt,
er geht zu gern auf Räuberjagd!
Der Katze steht wohl mehr der Sinn
nach einem Frauen-Magazin!
Der Hahn verspürt nen Höhendrang
und drum den Bergroman verschlang!

Denn wissen kann man nie genug:
und nur durch Lesen wird man klug!

Rundumblick

Fordernd der Esel linksrum schaut,
der Hund blickt stur nach rechts,
die Katze dazu frech miaut,
vom Hahn kommt laut Gekrächs!

So sie den Kopf zur Seite drehn,
stellt sich alsbald heraus,
wie sie Gefahren überstehn –
– auch vor dem Räuberhaus!

Was ist der Weisheit letzter Schluss
und was das Resultat?
Dass man erst überlegen muss,
was so rundum sich tat.

Mit des Volkes Stimme ... erklärt sich alles

Um was menschlich zu erklären,
kommt oftmals das Tier zu Ehren:
Wolln wir was als tierisch preisen,
tun wir das mit Redeweisen;
und geht es um Eigenarten,
heißt's, mit Sprüchen aufzuwarten.
Doch zu klassischen Vergleichen
können auch Zitate reichen;
wie sie warn seit tausend Jahren,
ist vom Volksmund zu erfahren!

Doch die wirklich ganz gescheiten
Verse sind von Dichtersleuten!

In der Zitaten-Rezitation dürfen wir uns auf eine wohl treffliche Auswahl aus Sprichworten und klassischen Aussprüchen beschränken, weil sonst aus deren Vielzahl letztlich eine langweilende Epistel werden könnte durch die Wiederholung der sattsam bekannten Alltagssprüche.

Esel:
Den Esel kennt man bei den Ohren, am Angesicht den Mohren, bei den Worten den Toren.
Wenn zwei Esel einander unterrichten, wird doch keiner von ihnen Doktor.
Esel dulden stumm, Allzugut ist dumm!

Hund:
Der Hund ist die Tugend, die sich nicht zum Menschen machen konnte und dabei zum Tier wurde (Victor Hugo)
Woran sollte man sich vor der endlosen Verstellung, Falschheit, Heimtücke der Menschen erholen, wenn die Hunde nicht wären,

in deren ehrliches Gesicht man ohne Misstrauen schauen kann. (Arthur Schopenhauer)
Aber es gibt Menschen, die hündischer sind als Hunde, und die nicht heulen, wenn sie geschlagen werden. (Ludwig Börne)

Katze:
Der Inhalt der Geschichte sind die europäischen Katzbalgereien. (Artur Schopenhauer)
Die Katze, die der Jäger schoss, macht nie der Koch zum Hasen (J.W. v. Goethe)
Das tun alle Katzen: vorne lecken und hinten kratzen!

Hahn:
Manche Hähne glauben, dass die Sonne nur ihretwegen aufgeht. (Theodor Fontane)
Wenn der Hahn kräht auf dem Mist, ändert sich's Wetter oder bleibt, wie es ist!
Er ist nur zu seinen Hühnern nett: ein guter Hahn wird selten fett!

Sicherlich hätte solch eine Abhandlung auf für andere Fabel-Tiere geschrieben werden können, aber die sind ja nun keine Märchenfiguren wie die BREMER STADTMUSIKANTEN gewesen.

Dass Tiere oft klug gewesen,
ist in Fabeln nachzulesen.
Sie können für's Alltagsleben
uns so manches Beispiel geben:
davon sind die Stadtmusikanten
sicherlich die meistbekannten.
Doch sie einzeln zu betrachten,
was an Deutung sie erbrachten,
welch Spektakel sie betreiben,
ist schon wert, sie zu beschreiben.
So darüber nachzudenken,
wolln wir ihnen Achtung schenken!

Bremen bewirbt sich als Kulturhauptstadt

Einst hieß es: Seefahrt ist Not,
womit wir den Wohlstand mehrten.
Mit nem neuen Angebot
will sich Bremen selbst aufwerten.

Deshalb präsentieren wir
unsere Stadtmusikanten,
doch dazu müssen die Vier
anders sein, als die bekannten!

Topmodern und modisch fit
wolln sie unsre Stadt anpreisen.
Bremen ist Touristik-Hit!
Und das gilt es zu beweisen...

Wo sei dat Rathuus bewachen

Wieldat een gräsig Hofkunzert
ganz bannig an den Nerven zerrt,
dat höllt nich mal de Düvel ut!
Dor nehmen Räubers fix Neihut!

Stadtmusikanten wulln in Bremen
as Wachsuldat wi gerne nehmen:
Vör'n Rathuus stohn sei opgericht,
dat dor keen Rauberee geschicht!

So lang sei dor op Posten stohn
un so för us den Wachdeenst dohn,
wull wi as Stadtsymbol sei ehrn,
jem alltied Ehrbewies bescheern ...

Eine völlig neue Sichtweise

Anlässlich der Eiswette 1998 brachte der Ehrengast Bischof Franz-Josef Bode eine völlig neue Sichtweise der Bremer Stadtmusik:

Der Esel, als Volk gedeutet, trägt klaglos, was ihm aufgebürdet wird!

Der Hund sitzt auf seinem Rücken und kläfft! Man könnte ihn als Beamtenschaft deuten, die manches Mal um sich beißt!

Die Katze vertritt den Senat. Sie umschmeichelt jeden, vor allem vor Wahlen!

Der Hahn, ganz oben, steht wackelig und muss den Überblick behalten!

… schallendes Gelächter und prasselnder Beifall!

Mit vertauschten Rollen

Hei!, was ist das eine Pracht,
wenn die Bande Musik macht:
Hahngewimmer, Katzgestöhn,
Hundekreischen, Eselskrähn?

Wenn der Hund mit Flügeln schlägt,
und der Esel Eier legt,
wenn der Gockel I-ah schnurrt,
und die Katz ein Wau-wau knurrt!

Der Gockel gibt dem Hund die Sporn,
der Esel beisst in Katzenohrn:
Kein Wunder, dass sie alle schrein:
Ein Tierkonzert muss das wohl sein!

Geh mal inne Stadt

Der Bürger und der City-Gast
bewegen sich – ganz ohne Hast –
beim Bummel durch die Innenstadt,
– wo's viele Angebote hat!

Damit es urig-bremisch sei,
sind Stadtmuskanten auch dabei,
weil die – das weiß schon jedes Kind –
in Bremen wie zuhause sind.

Als Werbeträger engagiert,
werden sie vollauf integriert;
und sind zu jedem Tun bereit,
bis hin zur fünften Jahreszeit.

Veer verdrewen Takeltüüch

Wat ut'n Märken künnig weer,
dat is veel Hunnertjahren her:

Von baben her de Gockel kreiht,
un dräuhlich mit de Flunken sleit;
Katten-Miau as grell Getöön
de Räubers in de Ohren dröhn!
De ole Hund ok luudhals blafft,
dat is Musik ut Lungenkraft;
de Esel darto röhrt un blökt,
d a t hett de Räubers schier verschreckt!

De Veer verdrew dat Takeltüüch,
de hauten af, keem nie torüch!

Tierisch Sprichwörtliches

Schon in alten Spruchweisheiten
zielte man auf Eigenheiten:

Wenn wer als Packesel nur gilt,
macht es den Esel störrisch wild!
Bei Hundewetter vor die Tür?
Der arme Hund kann nichts dafür!

An Katzenjammer-Ungeduld
ist doch ein Kater selber schuld!
Ein Hahn, der nicht auf Hennen steht,
als Kirchturmhahn vergeblich dreht!

Wir beschreiben deren Mucken,
sollten uns Spiegelbild begucken!

Schallen wie luudhals mit jem singen

Bruukst blots in de Zeitung blicken,
un warst dääglich neu entdecken,
wi't gelingt mit Gaunertricken
Geld us ut de Taschen trecken!

Schaad, dat sei nu nich mehr leewen,
denn wi kunnen jem vondagen
wiss nen Hümpel Arbeit geewen,
– ok Ministers forttojagen!

Märkentied torüch to holen,
dat wull wisslich nich gelingen;
doch um Räuber to versohlen,
schalln wi luudhals mit jem singen!

In Wahrheit gibt's das kaum

Die Tiersprache zu verstehen,
wär manchmal – unangenehm!

Hat man etwas falsch gemacht,
Alter Esel! wird gesagt.

Dabei hilft dann auch kein Murren,
kannst, wie'n Hund nur leise knurren.

Ein verwöhntes Katzenvieh
lockt man nur mit Leckerli!

Wenn ein Hahn-Schrei klingt verratzt,
wird mit Spreizfuß nun gekratzt!

Somit möcht man allzu gern
menschlich das Gebar'n erklärn!

Als Räuber-Song

Wir sind die Bremer Stadtmusikanten,
– tsching da rassa sa! –
Wir sind als Gäste da,
und diesem Räubernest
geben wir jetzt den Rest!

So rufen alle Herbeigerannten
– tsching da tralla la! –
Es hätt ne bunte Schar
hier heut ein Räubertreff!
Und wer ist hier der Chef?

Berühmt sind wir als die Stadtbekannten
– tschung da tralla gong! –
Das ist der Räuber-Song!
D a s ist ein Räuberspiel,
– und davon gibt's nicht viel!

buten un binnen

Sick allerbestens integreeren
un voll för Bremen angageeren:

De Esel lett sick nich verschrecken,
draff överall de Strippen trecken;
de Hund fungeert als opereeter,
denn Filme dreihen, dat versteht der;
de Miezekatt versökt to singen,
blots will ehr dat nich ganz gelingen;
Kiki, de Hahn weet't antostellen,
dat's Dageblatt kunn wat vertellen!

So sei den niegen Job hebbt funnen,
weer'n all Bedenken öwerwunnen!

Bremens Repräsentanten

Diese vier Stadtmusikanten
sind Bremens Repräsentanten!
Haben Platz am Markt genommen,
heißen Gäste hier willkommen!

Und kein Gast wird's unterlassen,
Eselshufe zu umfassen.

Solch Griff soll vor allen Dingen
dauerhaftes Glück erbringen.

Wolln gemeinsam sich bemühen,
viel Besucher ranzuziehen,
um so Werbung zu betreiben:
Bremen muss bedeutsam bleiben!

O
S
N
W

Den Bremern Flötentöne beibringen

Einer wirkt gegen andre groß,
– sonst wäre er bedeutungslos:

Heilige Könige kamen drei,
Pollux und Castor war'n nur zwei!
Das Hexagramm grüßt aus Nahost,
fünf Eisheilige bringen Frost.

Vier Tieren fällt's als Combo ein:
Sie wollen Stadtmusikanten sein,
und bringen so auf der Schalmei
den Bremern Flötentöne bei!

Die Frage bleibt: Ob unbedingt
solch Hofkonzert auch voll gelingt?

Das Weltgeschehen wird glossiert

Ein gutes Kleinkunst-Kabarett
ist eine Bühnen-Rarität!

Die Vier erbringen vehement
den Kommentar, das Argument.
Da wird ausdauernd konferiert,
das Weltgeschehen voll glossiert.

Jedoch aufklärend wirkt das nicht!
Es ist nur eine andere Sicht,
aus der man sich die Welt anschaut,
– keinem Politprogramm mehr traut!

Die Vier vollzogen ihren Part
– auf animalisch Sinnesart!

Sailing! – but Sailing

Seefahrt ist oft verwunderlich,
voll Eigenart – absunderlich.

Doch Sailing bleibt als Freizeitspaß
abhängig nicht vom Heuerbaas.
Grad solcher Törn hat doch gereizt:
Bei Mützenwetter wird gekreuzt
und jede Brise ausgenutzt.
Ganz zwischendurch wird das verputzt,
was man auch Poller-Frühstück nennt;
und was ein Sailor wirklich kennt,
das ist die Sailing-Viecherei!

Die Vier sind wieder mit dabei!

Segelkameradschaft

Man schaut äußert verwundert drein:
Soll das die neue Mannschaft sein?

Was einer sich kaum vorstellen kann:
der Esel macht den Vorschotmann!
Und an der Pinne hockt der Hund.
Die Katze rührt zur Mittagsstund
als Smutje flott den Suppentopf!
Der Hahn schaut von des Mastes Knopf
als Ausguck weit voraus nach vorn,
ersetzt notfalls das Nebelhorn.

Der Skipper denkt: Bis Doggerbank
ist diese Kruu (Crew) vom Seegang krank!

Eine Seefahrt, die ist lustig!

Als sie mal ein Schiff bestiegen,
wollten sie – stromab von Bremen –
sich auf Weserwellen wiegen,
Kurs auf Bremerhaven nehmen!

Doch sie sind nicht weit gekommen:
Vegesack war Schluss der Reise!
Sind sie nun zurückgeschwommen?
Man verschweigt's diskreterweise!

Ob sie nun noch einmal starten
oder ganz darauf verzichten,
ob in Bremen sie verharrten?
Ehrendienst war zu verrichten!

Besanschot an!

Von achtern weiht een prallen Wind:
Smiet los de Lien! De Törn beginnt!
De Crew belegt ganz fast de Schot:
Klar Kimming! is nu dat Gebot!

Bi Mast- un Schotbruch weer de Start
för een opwennig Wettkampffahrt!
Denn düsse Sprook mag sei bewohrn
vör Noot- un Havaree-Gefohrn!

Mokt eerst dat Boot inn Haben fest,
is't opkloort up dat allerbest,
dann segt de Skipper: Alle Mann,
hebbt heel verdient – Besanschot an!

Ganz ohne Starallüren

Sie verstehn's zu animieren,
wolln als Künstler imponieren:

So lässt einer beim Jonglieren
rundherum die Keulen kreisen.

Andrer liebt's sich zu markieren,
will so Schauspielkunst beweisen.

Virtuos improvisieren
möcht sie auf der Violine!

Als Schnellzeichner zu brillieren,
dazu braucht man viel Routine.

Sehn sich als Erfolgs-Artisten
und als Solo-Aktivisten!

Mit Gefühl und Wellenschlag

Gar lustig und ideenreich
gibt's redensartlich manch Vergleich:

Fühlt sich der Esel mal zu wohl,
dreht emsig er ne flotte Sohl.

Fühlt sich wer mies und nicht gesund,
heißt's gleich: Das ist ein armer Hund.

Fühlt sie nen Anreiz macht die Katz
beim Mäusefang nen großen Satz.

Fühlt sich der eitle Gockel-Hahn
als King über den Hühner-Clan.

Es menschlich nur als Beispiel stimmt,
wenn man das allzu wörtlich nimmt!

Lesestunde ist Märchenstunde

Ein Traum wär, sich mal unerkannt
als Größe zu entfalten:

Der Esel möcht ein Reitpferd sein
und springen über Stock und Stein!

Der Hund dagegen würde gern
ein Spürhund sein für seinen Herrn.

Der Katze reicht ihr Mi-au nicht,
verzieht wie'n Löwe das Gesicht.

Der Gockel zeigt, so wie der Pfau
den Radschlag bei der Gartenschau.

So kann ein Bremer Stadtmuskant
das Märchenbild gestalten …

Reiselust

Der Esel sich manch Vorbild nimmt,
wenn er sein Reiseziel bestimmt!

Dem Hund gefällt ein andrer Stil,
er sitzt gern im Automobil.

Der Miezekatze es gefällt,
wenn sie stattdess Siesta hält.

Dass er'n Blumenliebhaber wär,
gefällt dem eitlen Gockel sehr.

So hat ein jeder es versucht,
wie er für sich ne Reise bucht!

Jedoch weil Stil und Temperament
ein Grund sind – reist man wohl getrennt.

Vier kommen aus Ostfriesland

Aus dem gelobten Lande
kamen mal Vier nach Bremen,
um hier als Friesenbande
am Wettstreit teilzunehmen.

Kuh, Schwein, Kaninchen, Ente
haben zwar laut gesungen,
wie's anders sein nicht könnte:
gar grausam hat's geklungen.

Dass sie auch zu Viert gekommen,
wurd zur Kenntnis zwar genommen:
jedoch solch Ostfriesengruppe
ist dem Bremer völlig schnuppe.

Gartenarbeit

Sie wolln es nicht versäumen,
im Garten aufzuräumen.

Der Hund ist gut beraten,
nimmt sich sogleich den Spaten!

Esel ruft zicke-zacke
und greift sich forsch die Hacke.

Die Katz wird Unkraut stechen,
braucht zum Fegen den Rechen.

Der Hahn darf sich nicht scheuen,
wird Düngemittel streuen.

Denn in den Gartenbeeten
gibt's ständig was – zum Jäten!

Auch andre Sportart intressiert

So, als Match neu ausgeschrieben,
hat’s die Vier dazu getrieben,
sich voll dafür einzusetzen,
munter übern Platz zu wetzen.

Hund und Katze eifrigst rennen,
andern nicht die Punkte gönnen.
Esel muss derweil statt flitzen,
auf dem Schirihocker sitzen.
Kräht der Hahn aus voller Lunge –
und tritt auf als Ballsuchjunge.

Sicher ist auf alle Fälle:
Schmettern werden sie die Bälle.

NORD
HÜSER

Können uns nur dran ergötzen

Sie sind als Stadt-Yoginanten
sportlich keine Ignoranten.

Ganz tief beugen und weit strecken,
dabei lang die Glieder recken,
dann die Arme locker kreisen,
dergestalt lässt sich beweisen,
wie beweglich die Gelenke.

Andrerseits man doch bedenke,
dass auf solche Art trainieren
ist untypisch bei den Tieren.

Doch es ihnen nachzumachen,
würden unsre Knochen krachen!

Sportlich angeregt

Wenn sie mal zu uns kämen,
am Turnen teilzunehmen,
würden wir uns bemühen,
genau so – Tau zu ziehen!

Würden wir so etwas machen,
hören wir die Knochen krachen,
und wenn wir Seile schwenken,
zieht es in den Gelenken!

Sie könnten Beispiel geben
für Spaß und Spiel im Leben.
Wir würden uns nicht scheuen,
uns daran zu erfreuen!

Darf zum Tanz ich bitten?

Wollen anstatt zu musizieren
auch auf Tanzparkett trainieren.

Der Esel macht gern alles mit,
verfällt manchmal in falschen Tritt.

Hund legt nen Paso doble hin,
denn Tango ist bei ihm nicht drin.

Die Katz möcht allzeit brillieren
sich als Tanzstar präsentieren.

Der Hahn übt Walzertakt und Twist
und meint, er war ein Tanz-Artist.

Reumütig kehren sie zurück:
denn nichts geht über Stadtmusik.

Sportliche Aktionswoche

Wenn Esel, Hund, Katze und Hahn
sich zeigen auf der Aschenbahn,
soll das ein gutes Beispiel sein
für'n Freundschaftstreff im Sportverein.

Der Auftritt wird zum Punktgewinn,
denn das ist der Begegnung Sinn!
Wo Sportler ihre Runden drehn,
wird man die Vier ganz aktiv sehn.

So leistet jeder seinen Part
im Wettstreit der besonderen Art.
Die Unterstützung für den Sport
wird so zum neuen Werbewort.

Tooor!

Der Esel stürmt ganz vehement,
wo einer gegen ihn sich stemmt.

Der Hund schleicht still sich seitlich ran
und nimmt den Ball per Kopfstoß an.

Die Katz sorgt für Konfusion,
dem Keeper geht die Muffe schon.

Da greift der Hahn als Retter ein,
kickt sicher dann zum Siegtor ein.

So hat die „Elf“ dadurch gesiegt,
denn schwach wär sie ohne dies Team.
Wenn's wieder mal im Argen liegt,
wäre solche Hilfe angenehm.

Op gediegen Bremer Art

Wat sunst keen Stadt to wiesen hett:
Wi hebbt een eegen Sangs-Quartett.

Dei singen tegenanner an
mit deepen Brummbass, as Sopran,
as Bariton un as Tenor,
un nömt sick Bremer Kammerchor.

Dat kunn een an ehr Mienen sehn,
sei sind so mit sick sülms tofreen.
As Stadtmuskanten wullen sei
ohne Tschingbumm un Tätretee
för de Kultur wat Godet dohn.

Een Hänneklatschen is ehr Lohn.

Sie werben mit Moderner Kunst

Am Musterbeispiel zeigen hier
den Bremern die beliebten Vier,
wie man am Bild sogleich erkennt,
und es modernen Ausdruck nennt.

Mit Punkt, Punkt, Komma, Strich
bemüht der kleine Junge sich,
dass er'n Gesicht zustande bringt,
und ist enttäuscht, wenn's ihm misslingt.

Wer das beherrscht mit lockrer Hand,
wird als Designer anerkannt.
So wirbt man mit Moderner Kunst
sehr wirksam um der Bürger Gunst.

Dat du mien Leewsten büst

Dat weer een Nachtkunzert,
dat dör den Wald ok wiethin schallt.

Heff dor wat jaulen hört.
Wat is denn dat? – Dat is de Katt!

Heff dor wat kreihen hört.
Hört sick scheun an. Dat is de Hahn!

Heff dor wat bölken hört.
To'r Midnachtsstunn. Klingt as de Hund!

Heff dor wat blöken hört.
Luud as een Oss. Esel als Boss!

So hebbt sei mi woll grüßt:
Dat du mien Leewsten büst!

www.stadtmuskant.de

Nur die mit der Zeit mitgehn,
können heutzutage bestehn.
Medientechnik muss schon her,
weil man sonst altmodisch wär!

Hier der Tipp, wie's ganz leicht klappt:
Quer durch's Internet gezappt,
und alsbald bietet sich an
das Quartett-Vierergespann.

So wird fröhlich präsentiert,
was ner Rentnerband gebührt,
wenn den rechten Knopf man drückt
sicherlich der Auftritt glückt.

Tierisches Vokal-Konzert

Ein eigenartiges Tier-Quartett
singt draus vorm Dorf wohl um die Wett:

Auf jeden Fall gehört dazu
das Kuh-Gebrüll als lautes Muh.
Das Schweine-Grunzen Ruff – ruff – ruff.
Und's Schaf-Gebrüll als Mäh – mäh – mäh.
Der Pferde Wiehern Hüh – oh – hüh.
Das ist die Landlust-Melodie.

Sie sangen voller Temperament!
Doch wer's als Kammerchor erkennt,
der weiß, wie's einst im Märchen war,
das wird ihm allerschnellstens klar.

Vierstimmiger Gruß

Man muss, um voll drauf einzugehen,
der Tiere Sprache schon verstehen:

I-ah vom Esel heißt: Hab Mut,
dann wird bestimmt auch alles gut.

Mi-au der Katze Gruß erklingt,
damit er dir Genesung bringt.

Wau-wau knurrt dazu dann der Hund,
die Zuversicht macht erst gesund.

Mit Kikriki krächzet der Hahn,
sagt stetes Wohlergehen an.

So kommt ganz ehrlich und honett
ein Gruß vom Bremer Tierquartett.

Ein Volltreffer vokal gerät

Weil sie's vierstimmig intonieren,
und nicht instrumental agieren.

Dem Esel macht es sichtlich Spaß,
zu brummeln meist im tiefsten Bass.

Der Hahn versucht nen Höhenflug,
meint, sein Tenor sei hoch genug.

Als Bariton agiert der Hund
nicht nur im Quartett-Hintergrund.

Mit Altstimme ergänzt die Katz
den tierischen Sonaten-Satz.

Als Bremens erste Renterband
sie jeder allsogleich erkennt.

As beestigen Sonaten-Satz

Bi'n Bremer Chorus-Festival
gifft een Quartett, dat singt vokal.

De Gockel kreischt in höchste Tön
un glöwt, sein Tenor weer sooo schön!

De Graukopp mit sien Brummel-Bass
klingt as dat Röhrn in't Botterfass.

De Puuskatt bi'n Sopran-Falsett
veel Anerkennung nödig hett!

De Dackelhund as Bariton
hett twors Problem mit'n Kammerton.

Sei intoniern so ganz vokal,
verzichten op instrumental.

Weil das Klangbild einfach stimmt

Mal den Auftritt variieren,
wie'n Gesangsquartett agieren,
gäbe in der Volksmusik
offenbar nen neuen Kick.

Weil sie'n tierisch sound darbringen,
wird's so sicherlich gelingen,
dass Platz Eins es schnell erklimmt,
wenn das Klangbild einfach stimmt.

Doch mit der Zuhörer Mächten
ist kein ewger Bund zu flechten,
weil sich viele daran messen,
wird der Song gar bald vergessen.

Lenken ab von Alltagsnöten

Wie sie so zusammen finden,
wolln nur Frohsinn sie verkünden.

Mieze bläst die Klarinette,
und der Gockel schmettert Lieder.
Bello trommelt um die Wette,
Graukopps Bass verklingt so bieder!

Wie sie durch die Straßen ziehen,
sammeln Münzen für's Bemühen.
Als Pannekok-Musik auftreten,
lenken sie ab von Alltagsnöten.

Bringen so – auf ihre Weise –
Volksmusik für kleine Kreise.

Vierstimmiger Chorgesang

Wie Esel, Hund, Katze und Hahn
stimmen zu Viert nen Chorus an,
der zwar nicht melodisch klingt,
derweil dennoch zum Zuhörn zwingt.

Es übertönt das Kiriki
des Hahns der Katze Miau-Mi.
Der Hund winselt wie'n Bariton,
des Esels Bass ist tiefster Ton.

Mit selbsterdachten Melodein
sollen sie so zu hören sein.
Der vierstimmige Kammerchor
lockt keinen hinterm Ofen vor.

Wollen sie ein Ständchen bringen

Es wird manchmal schon gelingen,
wie ein Ständchen sie darbringen.

Dass nachhaltig es verblieben,
hieß es: vorher fleißig üben,
zeitig auch die Stimme schmieren,
damit im Chorus zu Vieren
solche Art der Festgesänge
letztlich fehlerfrei gelänge!

A capella vorgetragen,
soll Verehrung es besagen.
Sollte ein Loblied so erschallen,
wird's auch aller Welt gefallen.

Danz op de Deelen

Wenn mol die Stadtmusikanten
as Quartett to'n Danz opspeelen,
is't gewisslich wat to'n Högen,
just so, as dat alle mögen.

Grautier zuppt dat Bass-Gebrummel,
un de Katt bloost Fleutschentöne,
wenn de Hund sleit op de Drummel,
sorgt de Hahn för't Stimmgedröhne.

D a t is Pannekook-Musike,
un speelt för den Danz op Deelen!
Wenn ich mi dat recht bekieke,
is't een Art de Alle kennen.

Viel schiefe Töne beim Jazz-Festival

Wenn als Rentner-Band sie spielen,
und mit Jazz-Musik gefielen,
würden sie wohl auf Befragen
zur Erklärung einfach sagen:

Wie ein Aufschrei schrägen Wahnes
ist das Krächzen unsres Hahnes.
Das erbärmliche Gekratze
ist wie's Schnurren unsrer Katze.
Unsres Hundes Tongefälle
ist nur ein bissiges Gebelle.
Und des Esels Intonieren
gleicht rhythmisch dem Galoppieren.

Heute heißt's nur noch: english spoken

The donkey liebt den classic rock,
als drummer schlägt den Takt the dog.
In schrillen Tönen cries the cat,
the cock versorgt das Internet.

Ein jedes ist big animal –
Star beim song-contest-festival.
Als vier Solisten in the band
sind Town-Musicians the event.

Es zeigt sich, so man sich bemüht,
wie d-english im Sprachbrauch einzieht.
Was man als Aufmachung erwählt,
per Internet wird's ausgezählt.

Menschlich-tierischer Vergleich

Was menschlich wär ne Eigenart,
klingt tierisch wie ne Redensart.

Obwohl kein Hund sich drauß befand,
wird Hundewetter es genannt.

Was wie ein Katzenjammer klingt,
ist, wenn man falsche Töne singt.

Ein Kirchturmhahn gar nicht versteht,
dieweil er wetterwendisch dreht!

Was Eselsohr gemeinhin heißt,
als Unsitte sich doch erweist.

Den Tiervergleich benutzen wir:
Was kann das arme Tier dafür?

Auf dem Tanz-Parkett

Statt nur für andre musizieren,
möchten sie selbst mal'n Tanz probieren.
Sie wissen zwar, wie man sich dreht,
doch ungeübt gar nichts gerät.

Der Graukopp liebt nur Marschgesang,
dem Hund ein Polkasprung gelang.
Die Mieze probt den Walzerschritt,
der Gockel pfeift nen Schlagerhit.

Tango sei allerseits beliebt,
auch Cha-Cha, Foxtrott wird geübt.
So hat ein Jedes es gepackt,
manchmal zwar nicht genau im Takt.

Die Vier on tour

Stadtmusikanten, so sagt man,
kamen dereinst in Bremen an.
Sie sind bekannt für eignen Stil,
erkenntlich am markant Profil.

Wurden, als sie auf Reisen gehen,
in Deutschland immer gern gesehn.
Was war ihr Ziel? Wenn man sie fragt?
Darum wird ihnen nachgesagt:

Wer dafür weithin angereist,
dabei auch Kunstverstand beweist.
Sind sie nach Bremen heimgekehrt,
berichten sie ganz unbeschwert.

Das Leben schön – die Umwelt heil

Was vom Naturpark her man hört,
ist abendlich Vokalkonzert.

Ein Esel stimmt den Chorus an
und schreit I-ah, so laut er kann.

Als nächstes antwortet ein Hund,
bellt mit Wau-wau die Kehle wund.

Ein Katzen-Vieh auf Mäusejagd
hat Mi-au stimmlich dargebracht.

Vom Nachbarhof ein Gockel kräht,
dem's um Kikri-Rekorde geht.

Wo das ertönt, ist alleweil
das Leben schön – und Umwelt heil!

Ein Standbild vom Steinhauer

Stadtmusikanten sind meist nur
für Bremen eine Kultfigur.

Manch Künstler fühlt sich angeregt
und hat ideenreich überlegt,
wie er in eigener Version
gelangt zu neuer Dimension.

Ein Steinbildhauer machte sich
ans Werk, und schuf gar meisterlich
ein Standbild aus edlem Gestein,
passt haargenau sie sorgsam ein.

Zu Krautheim findet man sie leicht,
wer dort zur Staufenburg aufsteigt.

Fernöstliche Variante

So wurd die Fantasie erregt,
dass man sich sehr wohl überlegt,
wie man das tierische Quartett
auch andersartig, – doch honett –
mal ganz exotisch darstelln könnt.
– Und sie dennoch sogleich erkennt:

Pfau, Panda, Tiger, Elefant
solln exklusiv und eklatant
beim Ostasiatischen Verein
die neue Tiersymbolik sein!
Sie finden als Fernost-Version
sich als die neue Stil-Vision.

Pizza

Pizza ist bei uns im Norden
erst zur Eigenart geworden,
denn nach hergebrachter Weise
ist's ne landestypisch Speise.

Eine Pizza reich belegen,
so die Hausfrau mög erwägen,
sie als Festschmaus zu bereiten.
Dazu gibt's viel Möglichkeiten.

Dies dem Esel vorzusetzen,
weiß der's gar nicht einzuschätzen,
fragt nicht, ob's ihm gut bekäme?
Es als Abwechslung hinnähme.

Festtagsschmaus

Stadtmusikanten sind die vier:
Hahn, Katze, Hund und Esel-Tier.

Da müsste es doch möglich sein,
dass Straßenmusik bringt was ein?
Vor'm Rathaus finden sie nen Platz.

Als Dirigent fungiert die Katz,
der Esel bläst ins Saxofon,
dem Hund gelingt manch hoher Ton,
der Hahn muss auf die Pauke haun.

Die Leute bleiben stehn, sie schaun
und spenden gern für's Hofkonzert
– grad, weil's sich seltsam anhört.

Naschhaft

Sie würden zu gern mal naschen,
eine Süßigkeit erhaschen.

Für den Esel wär gerade
immer passend Schokolade,
auch der Hund würd danach schmachten
und sie keinesfalls verachten.
Mi-au, sagt die Miezekatze,
und erhebt sogleich die Tatze;
und selbst der eitle Kikri-Hahn
ihr garnicht widerstehen kann.

Wenn sie solchem Reiz nachgeben,
wolln sie den Genuss erstreben.

Bremer Küche

Bremer Spezialitäten
sind nicht Kuriositäten.

Der gewichtige Bremer Klaben
ist im Anschnitt auch zu haben.

Pluckte Finken zu bereiten,
erinnert an Walfang-Zeiten.

Kükenragout recht zu machen,
dazu braucht man sieben Sachen.

Sich nen Babbeler zu holen,
wird bei Hustenreiz empfohlen.

Sich an Hausmannskost erfreuen,
das wird keinen Bremer scheuen.

Sichtbarlich mit Wohlgefühl

Selbstzufrieden zeigen sie
sich in neuer Harmonie.
Denn aus alter Leidenszeit
hat der Ausbruch sie befreit.

Sind in Bremen integriert,
und genießen ungeniert
diesen neuen Lebensstil:
sichtbarlich mit Wohlgefühl.

Weil's um ehrlich Arbeit geht,
und wie's so zum besten steht,
sieht man ihnen förmlich an,
diesem Viergestaltsgespann.

Tee mit Rum als Schluck-Impfung

Den Quartett-Text zu intonieren,
müssen sie erst die Kehle schmieren.

Der Esel tanzt nach steifem Grog
nun unbändigen rolling rock.

Nach Tee mit Rum – Ermutigung
gelingt dem Hund ein Saltosprung.

Durch Sekt-Impuls voll animiert
die Pusskatt einen Step vorführt.

Dem Ginkelhahn zum Clou-Syndrom
reicht Eiswett-Korn als Antrieb schon.

So vorbereitet klappt's auch gut.
Solch Aufwärmer macht allzeit Mut!

Da werden Rekorde gebrochen

Was Bremer Stadtmusikanten
als Festmahl damals erkannten:

Wenn ins Räuberhaus sie schauten,
und das Abendbrot sich klauten,
war's zwar ne willkommne Beute!

Doch ganz anders heute:

Wir erstaunen, was der Magen
ohne Knurren kann ertragen!
Hochgenuss ganz ohne Reue
reizt ein jedes Mal aufs neue.

Bei Fettlebe – ohne Knochen –
wird manch Fress-Rekord geborchen.

Wenn't wat rejellet to eeten gifft

Bruunkohl is us Spezijaliteet
un beter as Kohldamp-Diät.

De Esel langt glieks nah den Kohl,
den hei mit Tüffeln slingt hendol.

De Hund is mehr för krachtig Kost,
nimmt rökert Cassler sick to'r Bost.

De Katt leggt sick de Wust bisiet,
putzt weg den Speck mit Appetit.

De Hahn, de sunst an Kurn rumpickt,
hett fors de Pinkelwust wegdrückt.

Een satten Rülps is de Bewies
von Wohlgeföhl un Leewenswies.

An kalten Wintertagen

Würde jeder, ohne Zagen,
sogleich Kohl- und Pinkel sagen.
Selbst die Bremer Stadtmuskanten
dies sofort als Wunschtraum nannten.

Mit Braunkohl und Kasslerbraten
ist der Esel gut beraten.

Und der Hund würd sich verstecken,
dabei satt vom Bauchspeck schlecken.

Kochwurst würd zur Katze passen,
sie genüsslich schmatzen lassen.

Doch dem Hahn, dem eitlen Ginkel,
schmeckt sogar die Bremer Pinkel.

Ran an de Back

Gifft in Bremen Kohl un Pinkel
lockt dat elkeen ut sien Winkel,
denn dat heet, de Krachten meeten,
nich bi Arbeit, blots bin Eeten.

Godet Eeten is een Segen,
sowat könnt Een wohl verdrägen,
un de Magen draff nich drauhn,
kreegt poor Sluck dat to verdaun.

So is Traditschon to wahren,
wiel Stadtmuskanten vör Jahren
dormols in das Räubernest
sind best Dischgesellschupp west!

Zu Essen gibt's ein Fischgericht

Am Bäderstrand spazieren gehen
und Badenixen nackicht sehn?

Der Esel ordert gleich ganz forsch
als Hauptgericht gebratnen Dorsch.

Vom Seehasen wünscht sich der Hund
als Kaviar ein halbes Pfund.

Bestellt die Katze sich voll Witz
nen Matjeshering – mit Pommfritz.

Der Hahn verlangt per Kikriki
Fisch-Frikadelln auf Selleri.

Dann wird, wenn man sich vollsatt fühlt,
mit Küstennebel nachgespült.

Nur Lebertran wär nicht so fein

Ganz landestypisch gibt es Fisch,
sehr sortenreich – und stets fangfrisch.
Nur Lebertran wär nicht so fein,
den schlucken magre Kinderlein.

Der Hund bestellt sich Kabeljau,
ganz heiser klingt drum sein wau-wau.

Die Katz verzehrt nur Brathering,
denn Bismarck ist nicht grad ihr Ding.

Dem Esel mit dem grauen Schopf
schmeckt Butterfisch und Muscheltopf.

Die Bontjesupp verlangt der Hahn,
gibt dann wie'n Knurrhahn mächtig an.

Weiße Ostern

Der Wettergott – als alter Mann –
sieht selbstzweifelnd sein Machwerk an.
Drum dem Kalender nicht vertraun –
und nicht aufs Barometer schaun.

Der Osterbummel fällt drum aus,
anheimelnd ist es nur zuhaus.
Unten hockt stumm der Wetterfrosch,
der zuvor flotte Sprüche drosch:
von Hochgefühl und Frühjahrslust,
auch der erleidet argen Frust.

Fruchtbowle wirkt wie'n Kälteschock,
viel besser passt ein steifer Grog.

Bremer Freimarkt

Zu Bremens fünfter Jahreszeit
sind auch die vier zum Spaß bereit.

Der Esel, Hahn, der Hund, die Katz
ziehen mit Bratwurst übern Platz.
Natürlich wird auch Eis gelutscht,
zuvor die Wasserbahn gerutscht!
Die Geisterbahn erschreckt's Gemüt,
Schmalzkuchen gibt es aus der Tüt.
Das stopft man alles in sich rein,
gebrannte Mandeln müssen sein.

Dazu gibt es noch allemal
den ganz leckeren Räucheraal.

Ischa Freemaak

Dann hat jeder was auf Sicht,
Schmuddelwetter stört uns nicht.

Die Stadtmusikanten – vier
finden da auch ihr Plaisir.

So dem Esel tät's gefallen,
Hau den Lukas durchzuknallen.

Wenn der Hund schnüffelt umher,
wo die Wurst am besten wär,
sucht die Katze sich die Mäuse
unterm Wackelbank-Gehäuse.

Und der Hahn macht nen Spagat
– oben auf dem Riesenrad.

Bremens fünfte Jahreszeit

Beim Freimarkt sind sie voll dabei,
genießen Jux und Dollerei.

Das Scheibenschießen ist beliebt,
weil's dafür dann ne Rose gibt.
Mit Bier wird schnell der Durst gestillt,
mit Glühwein, wer sich frostig fühlt.
Im Magen herrscht ein Kunterbunt,
wer's übersteht, der ist gesund.
Und wenn sie wieder heimwärts ziehn,
darf auch der Luftballon entfliehn.

Denn Bremens fünfte Jahreszeit
erfordert doch Gelassenheit.

Freimarkt – Bummelgang

Freimarkt Bummelgang zu vieren
wollen sie sich amüsieren.

So dem Trubel zuschauen
kräftig auf den Lukas hauen,
wilde Maus und Achtbahn fahren,
auch kein Karussell aussparen,
Luftballons aufsteigen lassen,
– und sonst keine Schangs verpassen.

So, wie es die Bremer lieben
als d a s herbstliche Vergnügen.
Selbst der typisch Bremer Regen
ist kein Grund, sich aufzuregen.

Als Weihnachts – Vorausboten

Es strotzt an Angeboten
als Weihnachts-Vorausboten.

Der Hahn als schlauer Pingel
will stets nur Fondant-Kringel.
Die Katze will sich laben
an echtem Bremer Klaben.
Der Hund bevorzugt Printen
mit Mandeln und Korinthen.
Und was gefällt dem Esel?
Kekse mit Zuckerbrösel.

Vorweg mal zu probieren
im Probelauf zu Vieren.

Dass man dir ein Licht aufsteckt

Bist wieder mal du angesteckt,
ist's Zeit, dass man dir'n Licht aufsteckt,
sodass du nicht im Dunkeln tappst
und nicht nach falschen Zahlen schnappst.

Man hat die Vier so kurzerhand
als Kerzenhalter eingespannt.
So steht als neue Allianz
das Tierquartett im Lichterglanz,
hat ihnen Lichter aufgesetzt:
hellleuchtend wirken drum sie jetzt.

Der Straßenfeger müht sich dann,
wie er Tropfwachs entfernen kann.

Gibt es sie denn wirklich?

Als Tierquartett vom Märchenland
sind weltenweit sie gut bekannt.

Sie wirken drum originär,
ihr Ruf ist fast schon legendär.

Wovon sie sich dabei ernährn,
erführ die Umwelt allzu gern.
Stadtmusikanten, diese vier,
verschlingen Unmengen Papier.

Sie gelten als Symbolfigur
für Alltagsbräuche und Kultur.

Der Bremer sie als Sinnbild liebt,
weils in persona sie nicht gibt.

Grippewelle macht auch vor Tieren nicht halt

Vier können sich nicht konzentrieren,
müssen Grippe auskurieren.

Schon der Hund, anstatt zu hecheln,
leidet an ganz heißem Röcheln.

Weil der Hahn fraß Mutterkorn
hat sein Krähen er verlorn.

Und den Esel hört man rufen:
Ich lahm an den Hinterhufen.

So die Katz mi-au verschmähte:
Mir sitzt im Hals ne Gräte.

Sternbilder sind sie nicht

Obwohl für's Märchengeschehen,
ein Tierzeichen Vorbild wäre,
doch sie als Sternbild verstehen,
– das wär wohl zu viel der Ehre.

Wenn sie hoch am Himmel stünden,
könnten sie über uns wachen
und stellare Botschaft künden:
– Sphärenmusik so entfachen.

So würden Stadtmusikanten
uns fernenweit beschützen,
so als Orbital-Trabanten
uns als Satelliten nützen.

Welch ein Wandel

Sie galten schon als altersschwach,
hatten im Alltagsdienst versagt,
entflohen so dem Ungemach,
– und waren dennoch verzagt.

Auf ihrem Weg zur großen Stadt
standen sie nachts vorm Gaunerhaus,
es war fast wie ne Moritat,
– sie labten sich am Räuberschmaus.

Ihr großes Ziel hatten sie erreicht,
wurden zur Bremer Stadtmusik,
und wie das Abbild nun beweist:
– sie sehn zufrieden aus – und chic.

Breminale

Störend wird Musik empfunden,
– weil sie mit Geräusch verbunden!
Wie klingt's beim BREMINALE?
Bringt's statt Texten nur Vokale?
Oder gibt's Bla-bla-Geleier
– und Geschrei wie Gröhle-Meier?

Eins ist sicher: Es wird allen
Nachbarn »auf den Wecker fallen!«
Manchmal säuft's auch ab im Regen:
Denn am Osterdeich gelegen
wird – bei ärgerlichem Fluchen –
Zeltschutz eingeschränkt man suchen …

Das Angebot wäre komplett,
– wenn's Tier-Quartett aufspielen tät …

Karneval der Tiere
– beim Musikfest Bremen 2015 –

Bei dem Karneval mit Tieren,
auch wenn sie den Reigen tanzen,
lässt sich eines nicht verhehlen:
Wenn sie's Singen intonieren,
gibt es dabei Dissonanzen,
– weil die Stadtmuskanten fehlen!

Deshalb wär es anzuraten,
damit's stimmt in Klang und Tone:
... immer auf dem Teppich bleiben!
So darf man getrost erwarten,
wie solch Mühen sich verlohne:
es »echt bremisch« zu betreiben!

Das Angebot wäre komplett,
wenn's Tierquartett aufspielen tät!

Unsinnige Redensarten

Wo Unsinn dauerhaft verharrt,
da hält sich manche Redensart:

Warum heißt BELLO's Pelle »Haut«?
Weil's einen gibt, der stets drauf haut!

Wenn mancher MIEZ das Fell mal juckt,
hilft's auch nicht, dass sie dreimal spuckt!

Statt auf dem Mist herumzustehn,
möchte der HAHN vor Wollust krähn!

Der GRAUKOPP eine Lösung weiß,
zum Abkühln »tanzt er auf dem Eis!«

Ne Redensart tierisch erklingt,
was wär, wenn man sie menschlich bringt?

Straßenmusik

Die als Musikanten
ihren Sound erfanden:
Es ist nachgerade
wirklich jammerschade,
dass sie sich so selten
als »**die** Band« vorstellten!
Denn ihr Klanggefüge
zeigt eigene Züge,
die dem Alltagsleben
einen touch würd geben!
Sie als Band aufspielen,
– das gefällt doch vielen!

Ich – der Dichterich

Der Dichterich hat seinen Spleen,
er gibt der Illusion sich hin:

Stadtmusikanten sind sein Tick:
– als Tier-Quartett, als Einzelstück
wird von ihm tierisch dargestellt,
obwohl es menschlich sich verhält.

Am Tier-Beispiel wird gezeigt,
was man mit viel Humor erreicht.
Weil vielfach das Begehren ist,
und er das Lachen nicht vergisst.

Wer alles nur zu ersthaft nimmt,
der ist gewisslich falsch getrimmt.

Georgios Tsintalis

Es ist kein lögenhaft vertelln
um grade d a s sich vorzustellen:

Ein Grieche, der nach Bremen kam
und hier alsbald zur Kenntnis nahm
die Story von dem Tier-Quartett,
das gern nen großen Auftritt hätt.

Der Künstler hat sich drangemacht
und neues outfit sich erdacht,
wie er auf ungewohnte Art
– witzig, charmant – und ganz apart
der Stadtmuskanten Ruf vermehrt,
und so Werbeauftritt gewährt.

Noch typischer könnt's gar nicht sein:
– nem Wahl-Bremer fällt sowas ein!

In dieser Reihe sind erschienen:

Bremer Schmunzelgeschichten
Auf gut Bremisch
Band 1
152 Seiten, 26 Illustrationen
Format 14 x 22 cm, Broschur

ISBN 978-3-95494-061-5
12,– Euro

Bremer Schmunzelgeschichten
Bremen Best !
Band 2
156 Seiten, 21 Illustrationen
Format 14 x 22 cm, Broschur

ISBN 978-3-95494-059-2
12,– Euro

Bremer Schmunzelgeschichten
Auf Neptuns Dreizack aufgespießt
Band 3
148 Seiten, 17 Illustrationen
Format 14 x 22 cm, Broschur

ISBN 978-3-95494-060-8
12,– Euro

Bremer Schmunzelgeschichten
Segg eenfach »Moiin!«
Band 4
144 Seiten, 32 Illustrationen
Format 14 x 22 cm, Broschur

ISBN 978-3-95494-063-9
12,– Euro

Bremer Schmunzelgeschichten
Die Bremer Stadtmusikanten
Band 5
128 Seiten, 19 Illustrationen
Format 14 x 22 cm, Broschur

ISBN 978-3-95494-062-2
12,– Euro

Schmunzelgeschichten
Ach, Herr Doktor
Band 6
124 Seiten, 2 Illustrationen
Format 14 x 22 cm, Broschur

ISBN 978-3-95494-076-9
12,– Euro

Weitere maritime Titel in Vorbereitung ...

Maritime Editionen für Shiplover!

Edition Falkenberg
www.edition-falkenberg.de

Der Autor

Ernst B. R. Dünnbier (Jahrgang 1921) ist »mit Weserwasser getaufter Tagenbarer«, hat sein Berufsleben als Einzelhandelskaufmann begonnen und wechselte dann vom Export über ins Schifffahrtsfach. In 34 Jahren Reedereitätigkeit im Stadtbüro und im Hafen, aufReisen und in der Personalbetreuung als Flottenbeauftragter hat er mit großem Interesse sehr viele Begebenheiten aus Seefahrt und Hafenbetrieb eifrig notiert, häufig interpretiert und freudig glossiert. Aus seinen Berichten, Vorträgen, Autorenlesungen und Rundfunksendungen ist diese Auswahl entnommen mit dem steten Wunsch: »Einer Seefahrt froh Gelingen«.

Die Illustratorin

Margret Rink (eben 70) ist »een reinroggen opwussen Neestädter Deern«, startete ihr Berufsleben als gelernte Bürokauffrau und ist »nebenbei und überhaupt« ausgebildete Volksschauspielerin und voll engagierte Plattdeutsche. Ihr Hobby sind Zeichnen und Theater. So stellt sie in beider Hinsicht gern Originale vor und Typen dar, und sie liebt es besonders, dabei Bremer Eigenheiten sichtbaren Ausdruck zu verleihen, so u.a. auch als meisterliche Krabbenpulexpertin, denn dazu gehören neben dem allzeit flotten Mundwerk auch ebenso flinke Finger, »denn flutscht dat ok«!